CB074512

CIP-BRASIL. CATALOGAÇÃO NA FONTE
SINDICATO NACIONAL DOS EDITORES DE LIVROS.

M129d
2.ed.

Machado, Ana Maria, 1941-
  De fora da arca / Ana Maria Machado ; ilustrações Laurent Cardon. – 2.ed. – São Paulo : Ática, 2011.
  40 p. : il. – (Abrindo Caminho)

  ISBN 978-85-08-15088-5

  1. Animais - Literatura infantojuvenil. 2. Arca de Noé - Literatura infantojuvenil. 3. Literatura infantojuvenil brasileira. I. Cardon, Laurent. II. Título. III. Série.

11-4843.
CDD 028
CDU 087

De fora da arca
© Ana Maria Machado, 2004

Gerente editorial	Claudia Morales
Editora	Lavínia Fávero
Editora assistente	Elza Mendes
Diagramador	Claudemir Camargo
Estagiária (texto)	Raquel Nakasone
Estagiário (arte)	Daniel Argento
Coordenadora de revisão	Ivany Picasso Batista
Coordenadora de arte	Soraia Scarpa

2022
2ª edição
8ª impressão

Impressão e acabamento: Forma Certa

ISBN 978 85 08 15088-5 (aluno)
ISBN 978 85 08 15321-3 (professor)
Código da obra CL 737904
CAE: 264752 - AL

Todos os direitos reservados pela Editora Ática, 2004
Avenida das Nações Unidas, 7221 – CEP 05425-902 – São Paulo, SP
Atendimento ao cliente: 4003-3061 – atendimento@atica.com.br
www.atica.com.br

IMPORTANTE: Ao comprar um livro, você remunera e reconhece o trabalho do autor e o de muitos outros profissionais envolvidos na produção editorial e na comercialização das obras: editores, revisores, diagramadores, ilustradores, gráficos, divulgadores, distribuidores, livreiros, entre outros. Ajude-nos a combater a cópia ilegal! Ela gera desemprego, prejudica a difusão da cultura e encarece os livros que você compra.

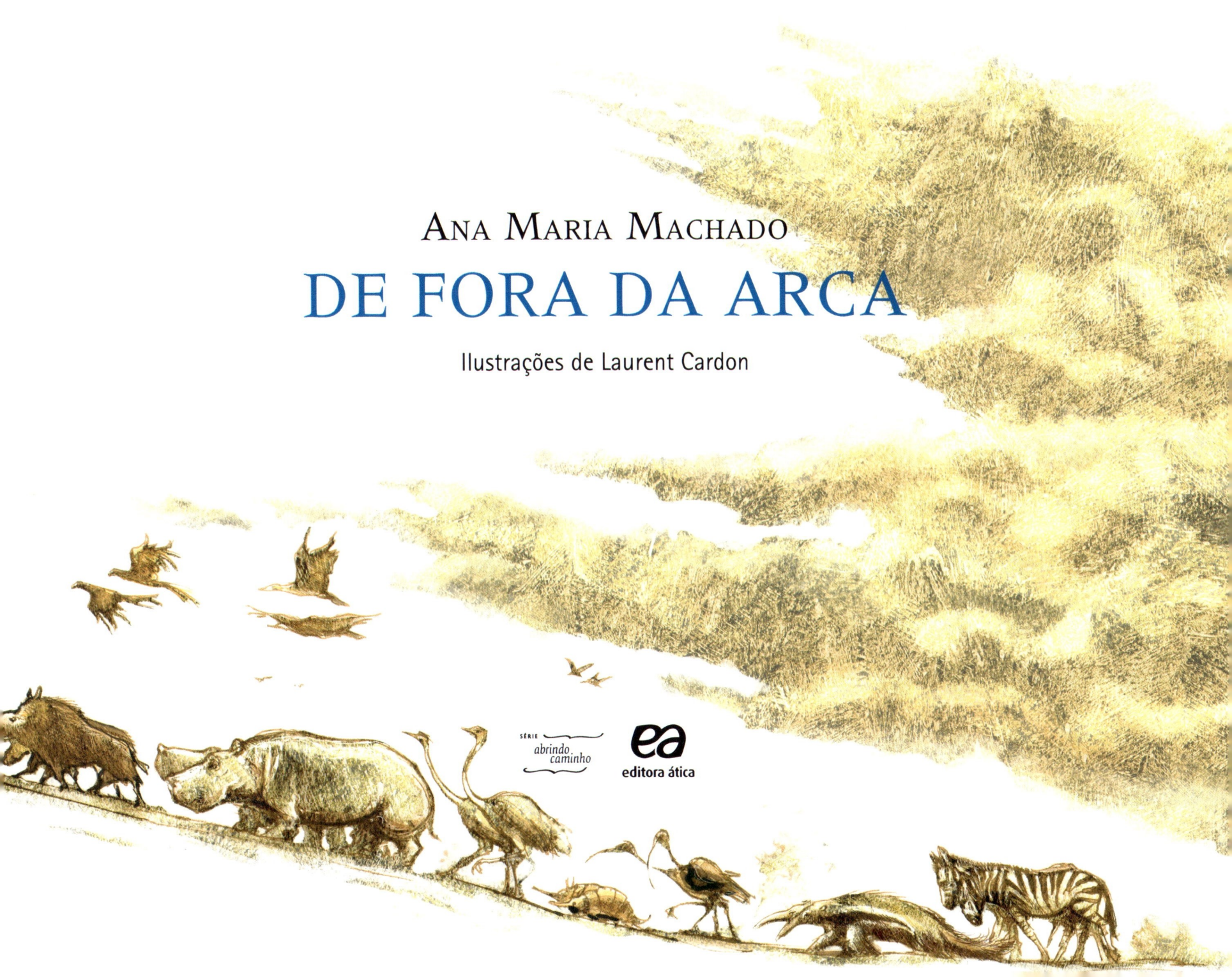

Ana Maria Machado
DE FORA DA ARCA

Ilustrações de Laurent Cardon

SÉRIE abrindo caminho

Editora Ática

Há um tempão que todo mundo sabe da história da Arca de Noé. Uma história que se passou há um tempão muito maior ainda. Mas pouca gente sabe do que aconteceu com quem ficou de fora da Arca. E para contar o lado de fora, é bom começar lembrando direitinho do lado de dentro. Então vamos lá.

Há muitos e muitos anos, quando o mundo ainda era um bebezinho, as pessoas andavam muito levadas, fazendo muita arte. Pelo menos, era o que achava o Senhor, o Criador do mundo. Ele tinha feito um lugar tão bonito, para tanta gente ser feliz, e ficava todo mundo sem juízo, sem merecer aquelas belezas e delícias todas... Aí o Senhor ficou bravo e resolveu arrumar um castigo danado.

Um castigo de arrasar. Um Dilúvio Universal.

Quer dizer, uma chuvarada sem parar que ia inundar tudo, alagar os campos, acabar com as cidades, afogar todo mundo que estava se portando mal. E só iam se salvar umas poucas pessoas, que eram boas. A família do Noé: ele, a mulher, os três filhos e as mulheres dos filhos. Gente suficiente para começar tudo de novo depois, tendo mais filhos, netos, bisnetos, trinetos, tataranetos, etc., etc... Até chegar a nossa vez, sua e minha, e de todos nós que vivemos hoje em dia por aqui.

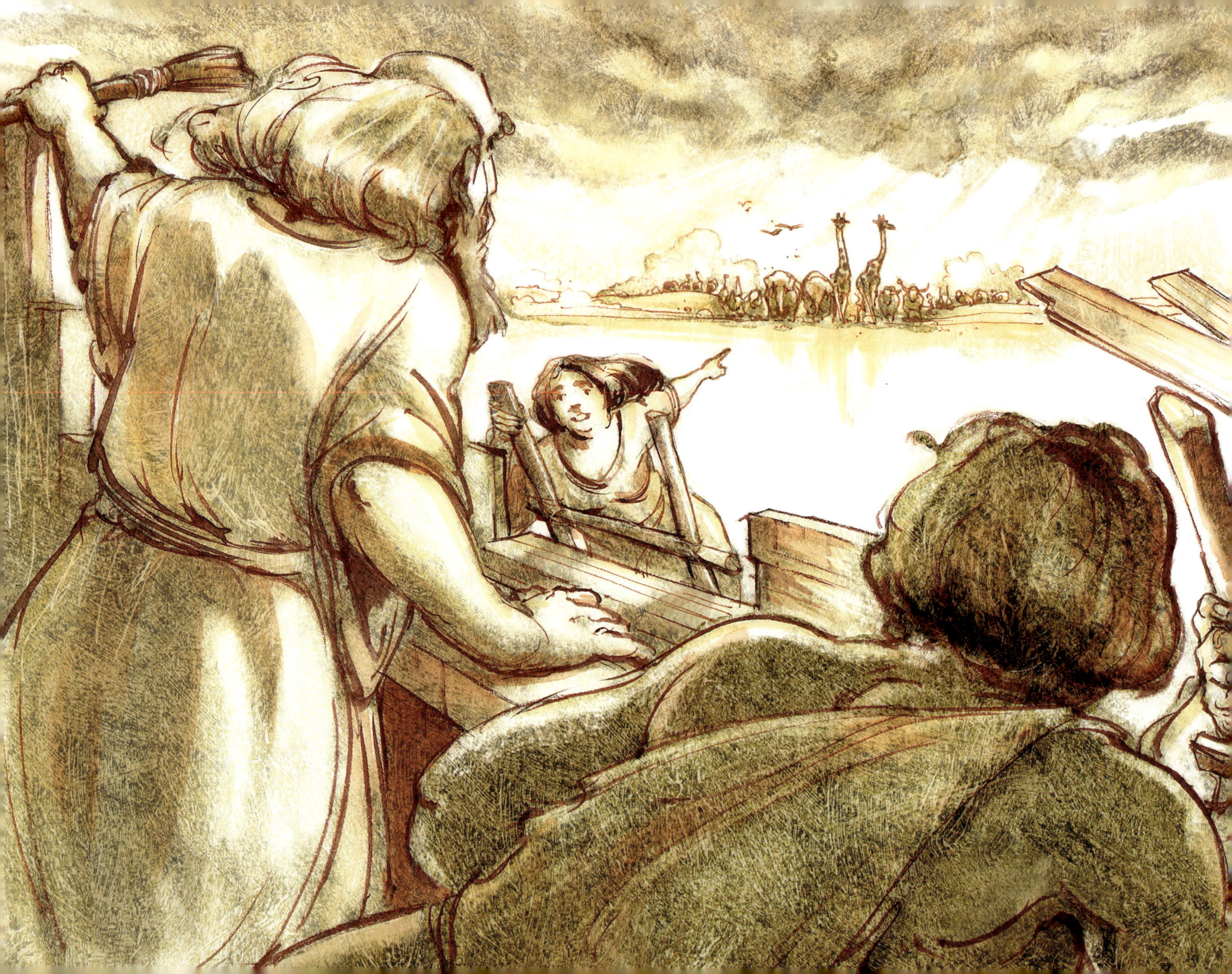

Mas o Senhor também quis salvar os bichos. E quando avisou a Noé que ele devia construir uma espécie de navio bem grande e fechado, para ficar lá dentro com a família enquanto durasse o Dilúvio, combinou também que eles deviam salvar um casal de cada bicho, para começar de novo quando a chuva parasse.

– Mas onde é que o Senhor quer que eu guarde esses bichos todos?

– Na Barca.

– Na Arca? – repetiu Noé, que já tinha mais de quinhentos anos e não escutava bem, achava sempre que Barca era Arca. – E se não couber?

– Vai caber... Deixa comigo.

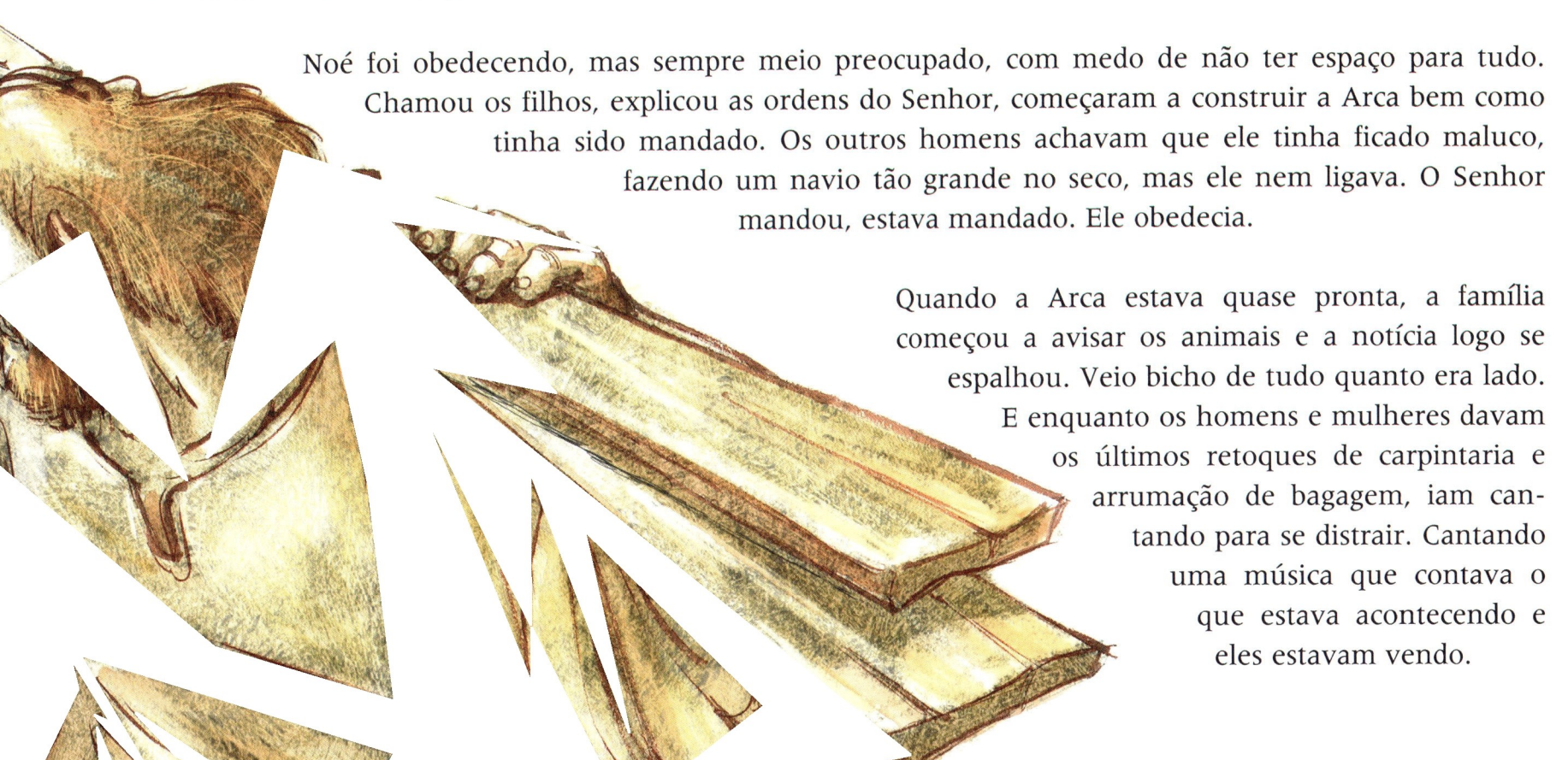

Noé foi obedecendo, mas sempre meio preocupado, com medo de não ter espaço para tudo. Chamou os filhos, explicou as ordens do Senhor, começaram a construir a Arca bem como tinha sido mandado. Os outros homens achavam que ele tinha ficado maluco, fazendo um navio tão grande no seco, mas ele nem ligava. O Senhor mandou, estava mandado. Ele obedecia.

Quando a Arca estava quase pronta, a família começou a avisar os animais e a notícia logo se espalhou. Veio bicho de tudo quanto era lado. E enquanto os homens e mulheres davam os últimos retoques de carpintaria e arrumação de bagagem, iam cantando para se distrair. Cantando uma música que contava o que estava acontecendo e eles estavam vendo.

Quem fez a Arca?
Noé, Noé...
Quem fez a Arca?
Foi Noé quem fez a Arca...
Lá vêm os bichos, dois a dois...
Uns comem carne, outros querem arroz...

Quem fez a Arca?
Noé, Noé...
Quem fez a Arca?
Foi Noé quem fez a Arca...
Lá vêm os bichos, quatro a quatro,
Uns chegam do campo, outros saem do mato...

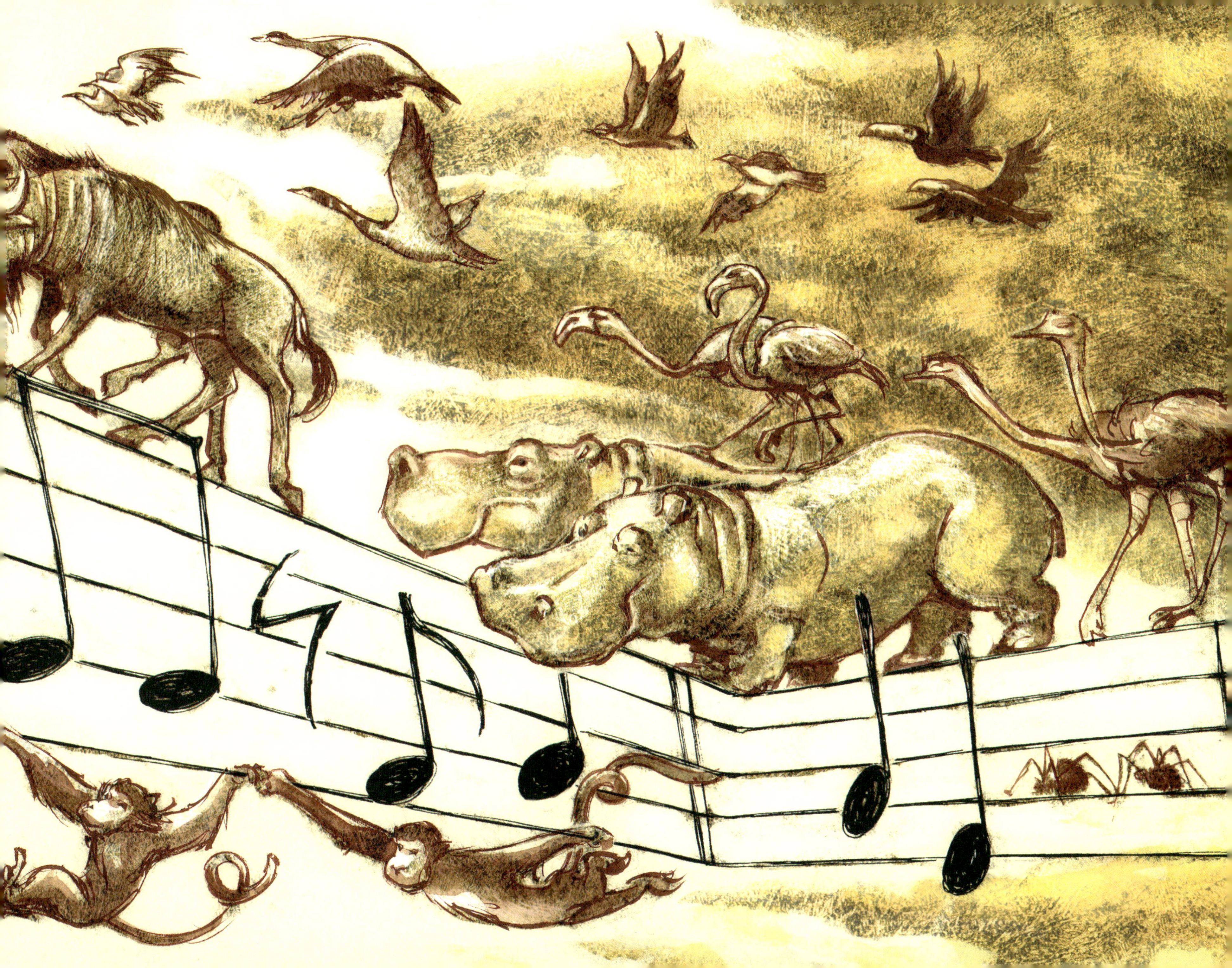

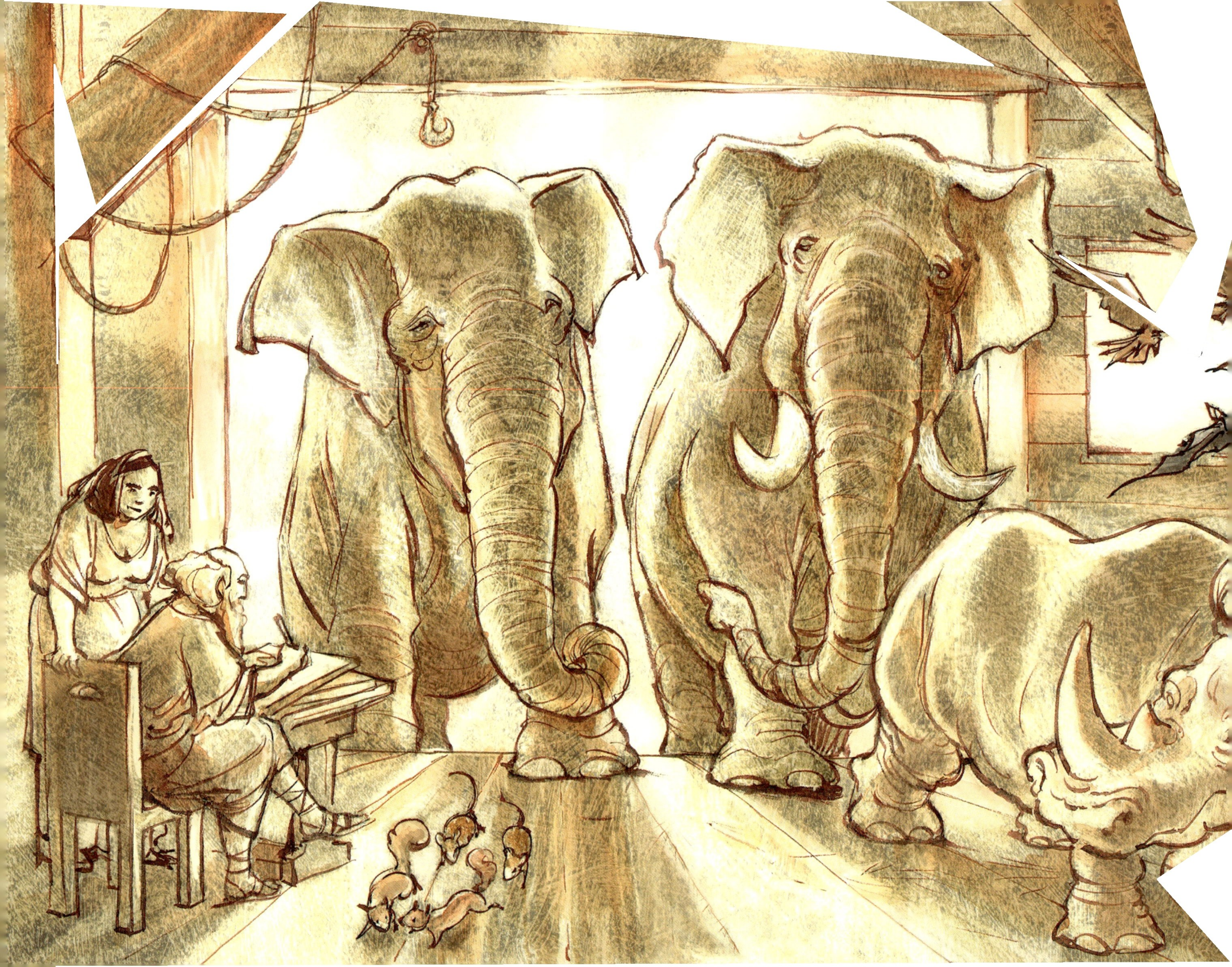

Quem fez a Arca?
Noé, Noé...
Quem fez a Arca?
Foi Noé quem fez a Arca...
Lá vêm os bichos, seis a seis,
Uns chegam ligeiro, outros levam um mês...

Quem fez a Arca?
Noé, Noé...
Quem fez a Arca?
Foi Noé quem fez a Arca...
Lá vêm os bichos, oito a oito,
Vai ficando tão cheio que nem cabe um biscoito...

Quem fez a Arca?
Noé, Noé...
Quem fez a Arca?
Foi Noé quem fez a Arca...
Lá vêm os bichos, dez a dez,
Uns vêm aos pulinhos, uns se arrastam sem pés...

Quem fez a Arca?
Noé, Noé...
Quem fez a Arca?
Foi Noé quem fez a Arca...
Lá vêm os bichos, doze a doze,
Uns se descabelam, outros nem perdem a pose...

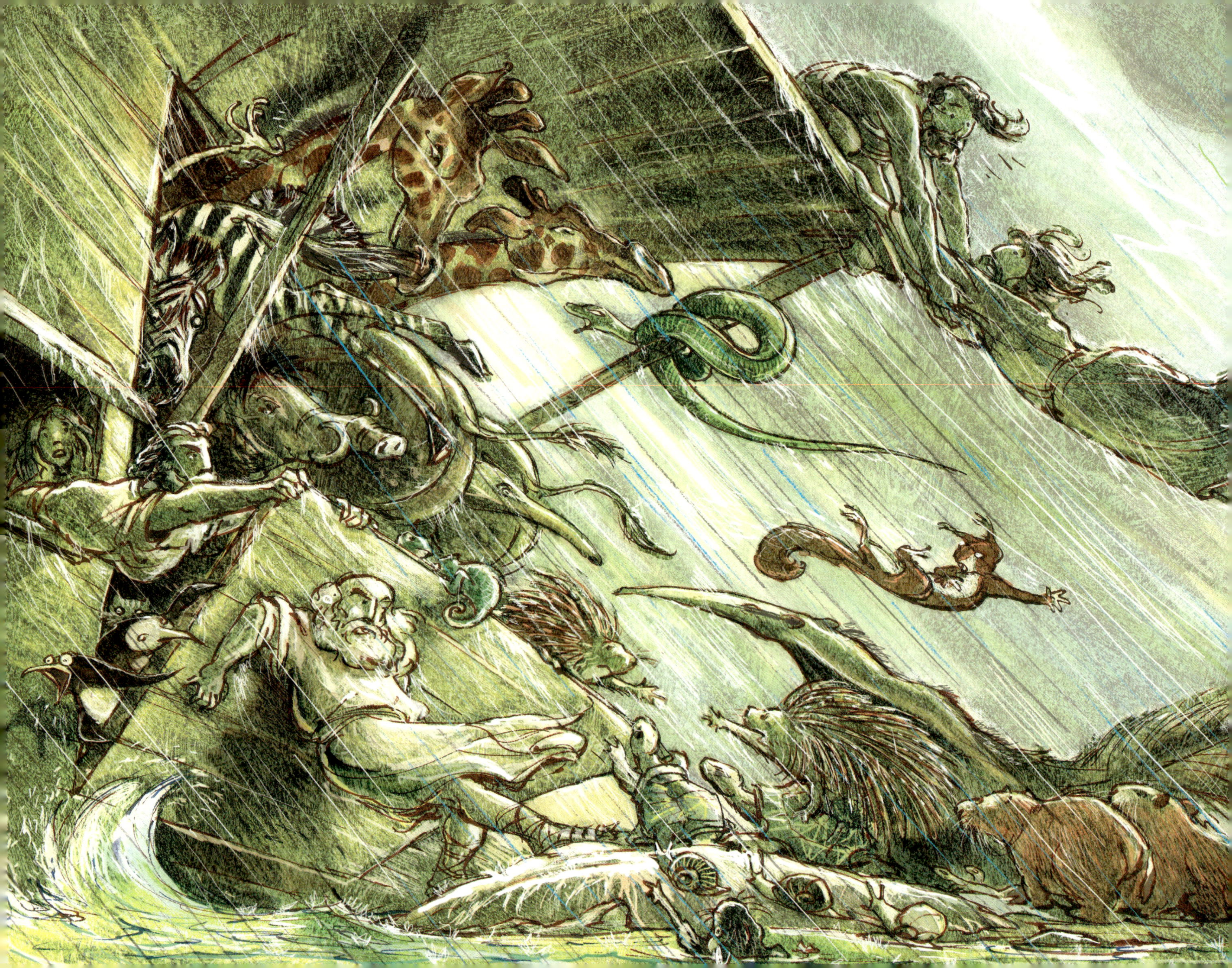

Aí começou a trovejar e relampejar. Num instante, a chuva caía forte. Era a maior confusão, bichos se atropelando, gente cantando, vizinhos se empurrando e querendo pegar uma carona... O jeito foi entrar logo e fechar a Arca depressa com o que estava dentro. A água foi subindo, a embarcação foi flutuando e a última coisa que se ouviu antes de ela sair navegando foi a voz do casal de papagaios, desafinando no alto do mastro, já meio roucos do resfriado que estavam pegando:

– Lá vêm os bichos, cem a cem,
Mas quem ficou de fora, nem vem que não tem...

Pois é... E quem ficou de fora? Quem entrou a gente já sabe, se salvou. Depois de quarenta dias e quarenta noites de chuva e mais cinquenta dias de boiar pra lá e pra cá e mais cento e vinte dias de tentativas de ver se as águas tinham baixado, Noé não aguentava mais aquela montoeira de gente e bicho lá dentro, estava cheio do barulho, não conseguia mais respirar com o fedor, e resolveu abrir uma janelinha. Alguns pássaros saíram e depois voltou uma pomba com um raminho de oliveira no bico.

– Oba, já tem árvore de fora da água!...

Nem deu tempo de muito festejo porque se ouviu um tranco: Póim! Brum! A maior sacudidela. A Arca tinha encalhado no alto de um morro.

– Que montanha será essa? – quis saber Noé.

A confusão era enorme. Tudo que era ave queria se espremer e passar pela janelinha para ir voar lá fora no céu azulzinho que aparecia, com um imenso arco-íris. As araras conseguiram primeiro, gritando:

– Arara! Arara!

– Ararat? – repetiu Noé, sempre ouvindo mal. – Gente, chegamos! Encalhamos no monte Ararat...

Pronto! A montanha estava batizada. Aí saíram, deram graças ao Senhor, e começaram tudo de novo.

Mas afinal, que aconteceu com quem ficou de fora da Arca? Sumiu? Desapareceu sem deixar marca?

Depende...

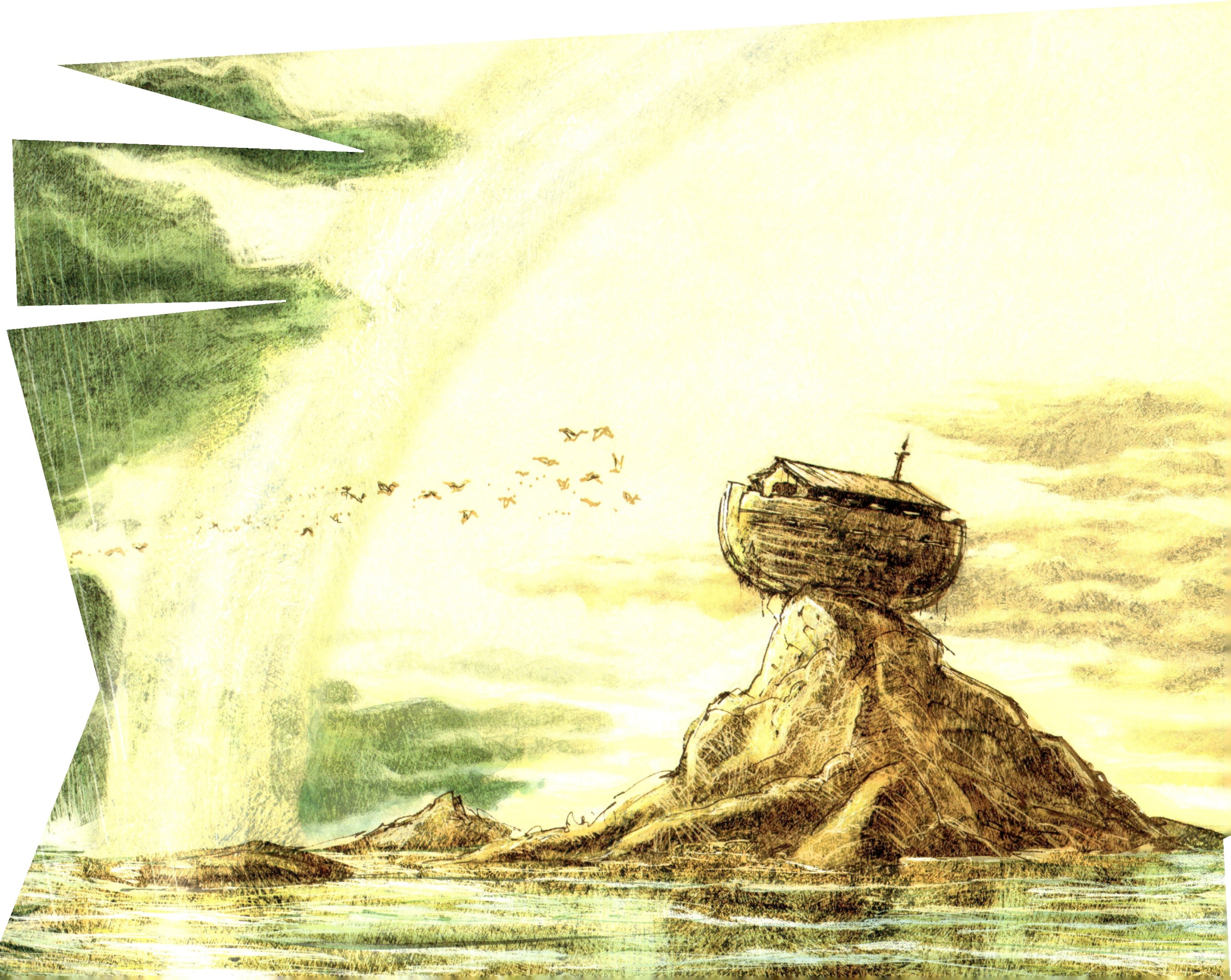

Quem podia viver na água, se virou. E sobrou. Feito peixe, camarão, caranguejo, lagosta...

Quem era leve e podia voar, voou, pousando de vez em quando na Arca para descansar. Mas teve que aprender a comer peixe. Feito pato, garça, gaivota, pelicano, atobá, mergulhão, flamingo.

Quem mamava mas conseguiu aprender a nadar bastante e só descansar boiando, mesmo sem ser peixe, também escapou. Feito baleia, narval e golfinho, foca, lontra e leão-marinho.

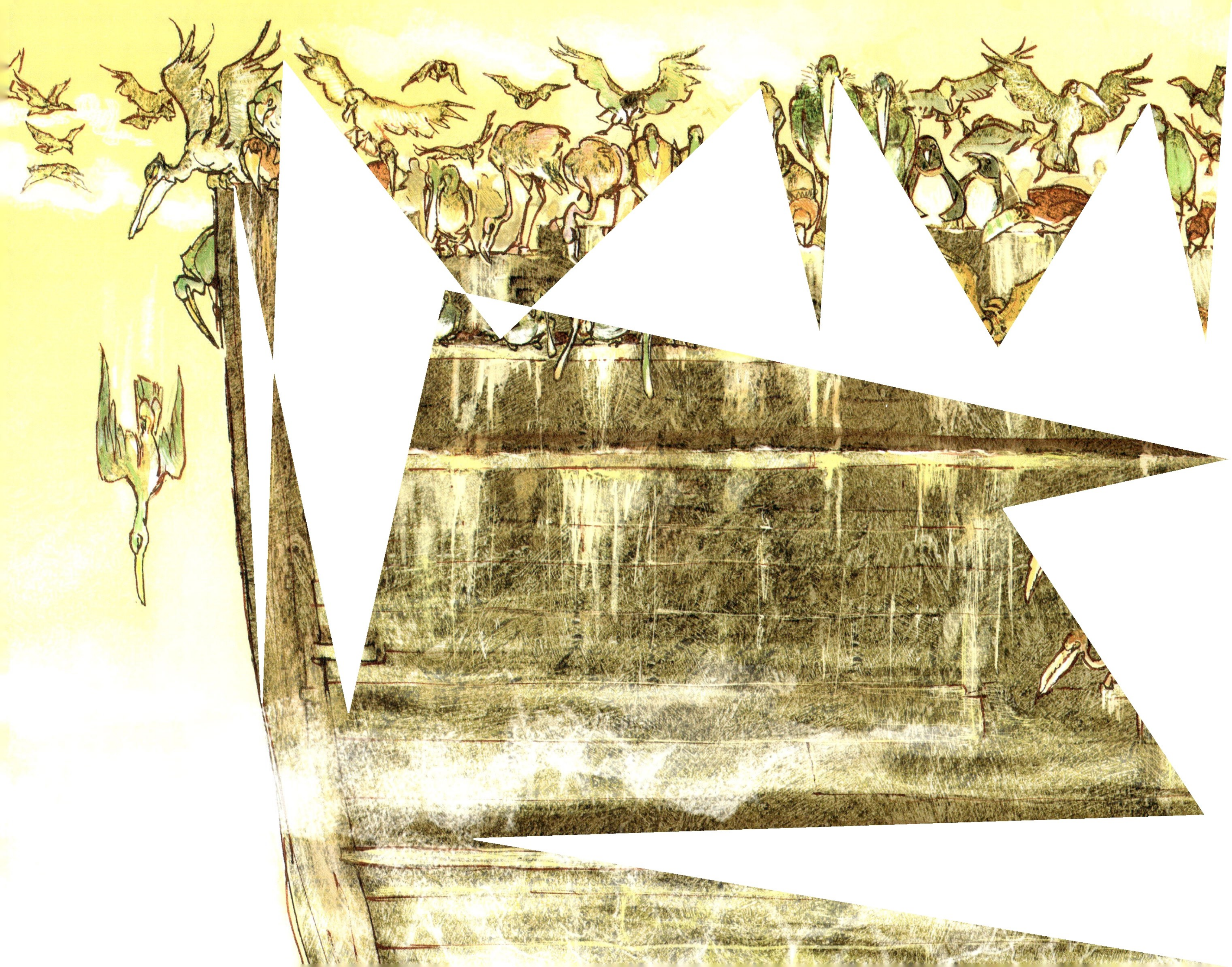

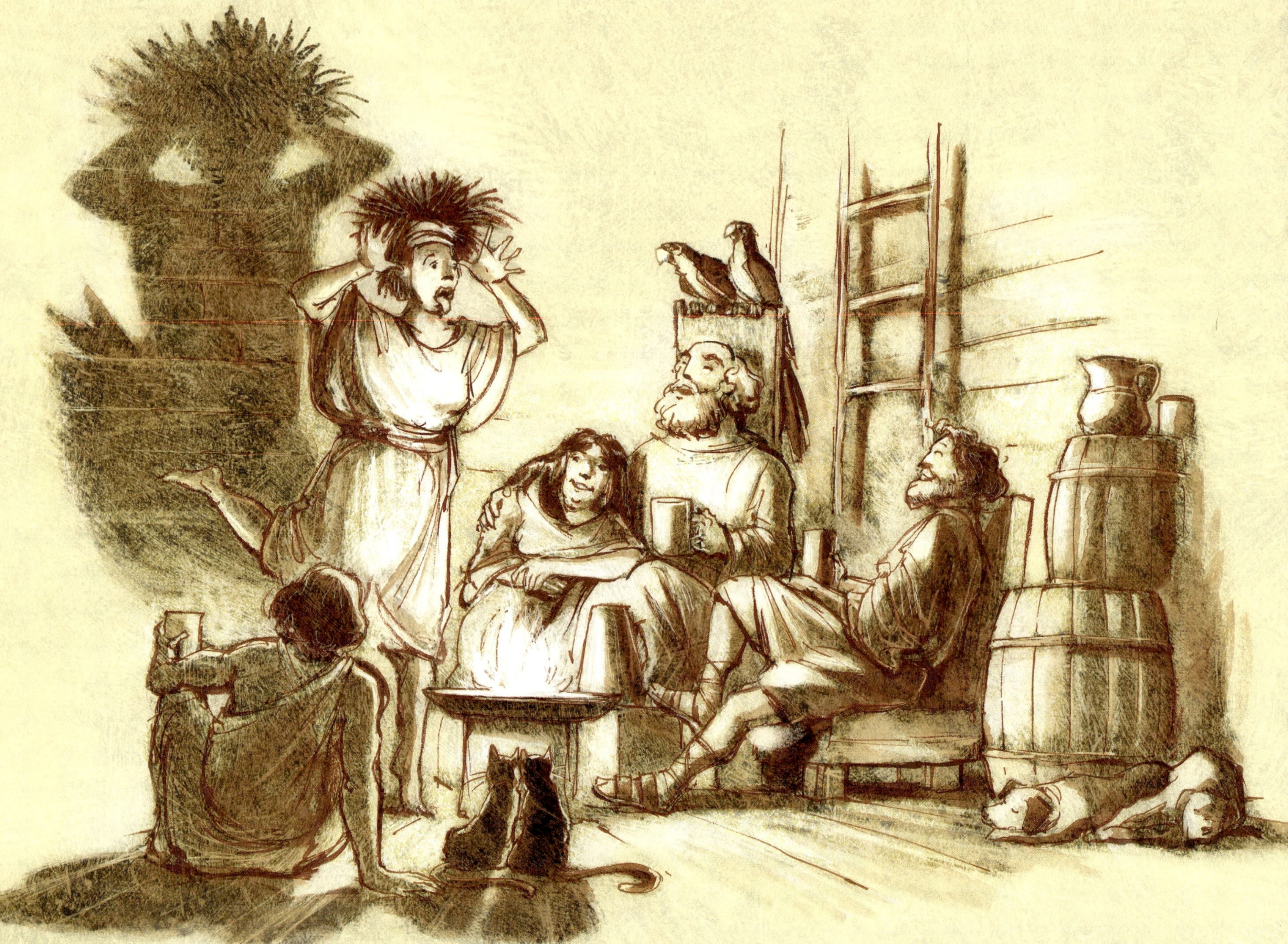

Mas quem não aprendeu nada e não mudou, se acabou. Um monte de bicho esquisito. Quer dizer, que hoje em dia nós achamos esquisitos porque não estamos mais acostumados com eles. Porque sumiram. Mas quando existiam, todo mundo achava normal. Coisa que sempre dá para deixar desconfiado: será que algum dia vai aparecer algum tipo de ser que nos ache esquisitos?

Mas as esquisitices antigas, das tais que ficaram de fora da Arca, sumiram mesmo.

Alguns bichos porque eram grandes demais e não mudaram nada. Mamutes, dinossauros, pterodáctilos, estegossauros, brontossauros, tiranossauros e outros brucutus. Precisavam de montanhas de comida e eram uns pesadões para andar. Deviam se achar os donos do pedaço.

Nem pensaram em atender aos chamados de Noé.

– Ir atrás de conversa de gente? Ainda por cima, velho? Deve estar caduco...

Ficaram de fora da Arca e viraram fóssil. Se a gente quiser saber deles, hoje em dia, tem que ir a museu. Olhar os vestígios científicos.

Mas tem uma porção de outros animais que não entraram na Arca porque Noé não chamou. E mesmo assim se salvaram. Bichos que ele não chamou porque nem sabia que existiam. É que ele era um homem tão sério, tão certinho, tão respeitável, que não tomava conhecimento de todas as histórias que falavam nesses bichos. Achava que eram coisas de criança, invenções de gente ignorante, delírios de poeta.

Por causa disso, muitos animais ficaram de fora da Arca. Mas, de algum jeito, escaparam. Porque Cam, Sem e Jafé não se esqueceram deles. E essa lembrança foi a salvação. Enquanto a chuva chovia, a água subia e tudo lá fora sumia, a família lá dentro trabalhava. Tinham que dar comida para bicho, limpar um monte de cocô, apartar briga, ajudar filhote a nascer, enfim, uma trabalheira. No fim do dia, era aquela canseira...

Noé gostava de um vinhozinho, ficava com sono, ia logo dormir. A mulher, os filhos e as noras ficavam conversando, cantando, contando história. E falavam muito nos bichos que ficaram de fora.

Cada um contava um pouco do que lembrava. Animais que a gente não vê hoje em dia, nem no zoológico, e é melhor explicar como eram. Dá pra fazer uma lista enorme com eles, até em ordem alfabética. Para não ficar infinito, vai só um para cada letra, mas podia ter muito mais.

O caso é que nas longas noites de chuva, de repente alguém lembrava. Cam, por exemplo, contava:

– **ANFISBENA** tem outra cabeça no rabo, olhando na contramão, e pode sempre se enrolar em tudo quanto é direção. Todas duas de lagarto, com orelhinha pra trás. E duas asas grandonas como não se fazem mais. Aguenta inverno sem tédio e resiste tanto ao frio que sua pele é remédio para quem sofre calafrio.

Dava até um arrepio. E ele continuava:

– **BASILISCO** tem peito e cabeça de galo e rabo de lagarto, com ferrão na ponta. O olhar dele mata, o bafo dele queima, e ainda tem um fedor de deixar a gente tonta. Tem corpo de serpente mas não se arrasta, só rola. Vai girando em espiral, como se fosse uma mola.

A mãe dele interrompia. E de outros bichos lembrava:

– **CENTAUROS** eram homens da cintura pra cima, a outra metade era cavalo. Comiam carne crua, viviam nas florestas e montanhas. Estavam sempre brigando ou caçando. Hoje em dia a gente ainda sabe mais sobre eles. Sabe que sobreviveram muitos centauros. E mais tarde, na Grécia, um centauro chamado Quíron foi um sábio notável, mestre de grandes heróis – Aquiles, Jasão e Hércules. Quer dizer, centauro ficou de fora da Arca mas deu a volta por cima e acabou até virando constelação, coisa que nem Noé conseguiu.

Mas lá na Arca, no meio da enchente, Cam tocava para a frente:

– **DRAGÃO** tem um aspecto assustador. Corpo coberto de escamas, ferrão no rabo, um horror. Fogo nas ventas, dentes agudos, garras afiadas. E pra dar comida ao bicho, moças são sacrificadas.

A mulher de Sem corrigia:

– Mas nem sempre é tão terrível. No oriente, dizem que dragão é muito sábio: dorme durante o inverno mas depois sai da gruta, passeia no céu e traz a primavera.

E lá dentro, no meio das ondas, a família conversava.

Há quem diga que lá fora um dragão sobrou, bem agarrado na proa da Arca e inventou a moda dessas figuras na frente dos navios. Mas quem estava lá no porão, contando histórias e esperando a chuva passar, nem desconfiava desse segredo.

Nem mesmo a mulher de Cam, que adorava mistério, segredos e enigmas e lembrou:

— **ESFINGE** é misteriosa. Tem cabeça e peito de mulher, corpo de leão, asas de águia. E ideias de quem gosta de ser decifrada: "O que é o que é? De manhã tem quatro pés, no meio dia tem dois, de noite tem três..." Quem encontrasse com ela e não soubesse, era devorado. Todos trataram de ver se conseguiam adivinhar. Porque a Esfinge podia se salvar e um dia encontrar com eles... Pensaram um ou dois dias e acabaram aprendendo que a resposta é o homem, que na infância engatinha, quando está adulto anda, e na velhice se apoia numa bengala.

Na outra noite, foi a vez de Sem contar as histórias que falavam nos bichos de fora da Arca. E ele lembrou, sonhador, que tinha tentado salvar um deles, chamou, insistiu, mas não adiantou:

— **FÊNIX** nem ligou para a Arca. Não se importava de morrer, mas preferia o fogo à água. Era um pássaro magnífico, o mais esplêndido que já existiu. Seu canto tinha uma melodia perfeita.

E depois de viver mil anos, fazia um ninho só de ervas e madeiras perfumadas, esperava os raios do sol começarem a queimá-la e cantava até morrer. Depois, renascia das próprias cinzas.

Em seguida, falaram em grifos e hidras.

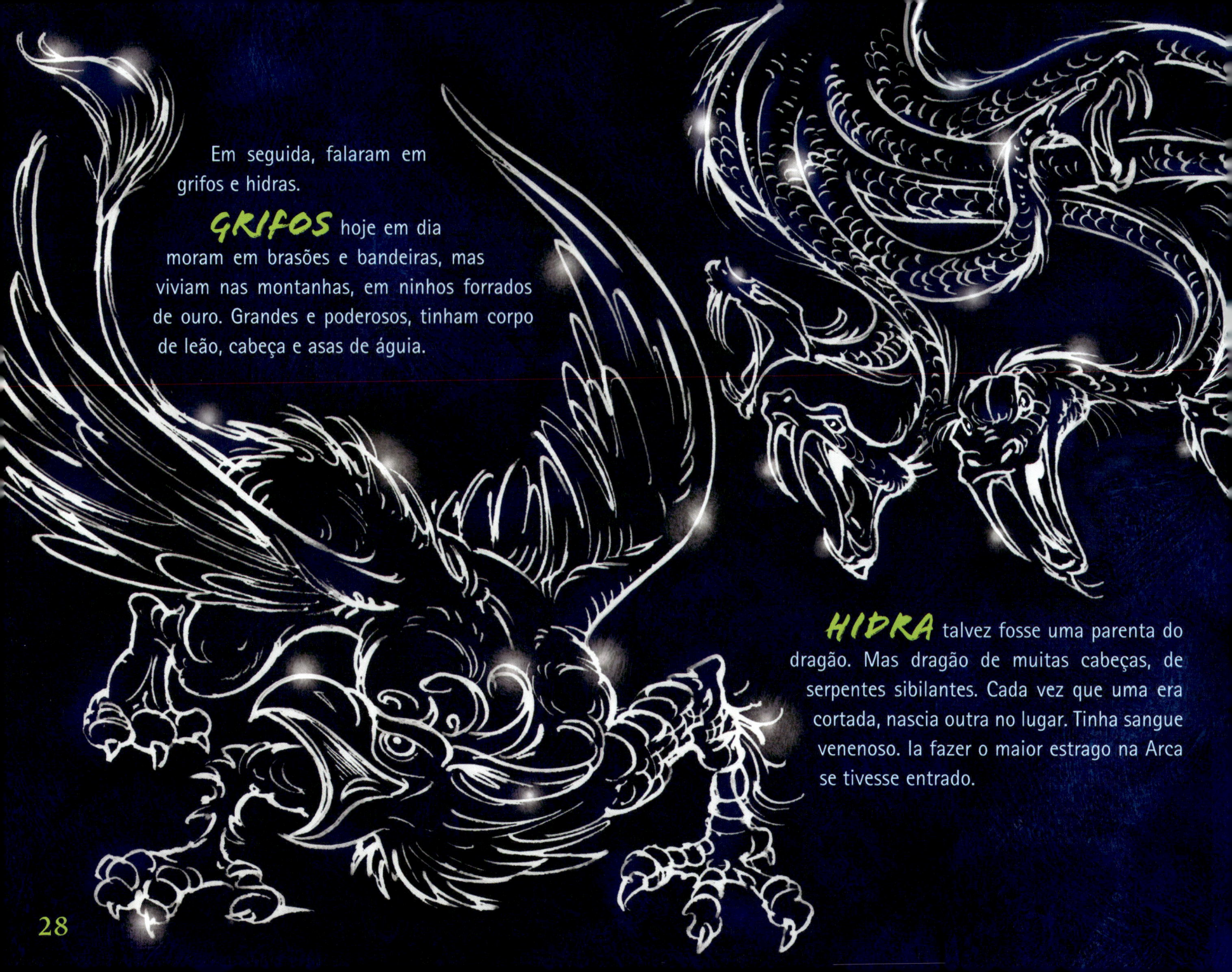

GRIFOS hoje em dia moram em brasões e bandeiras, mas viviam nas montanhas, em ninhos forrados de ouro. Grandes e poderosos, tinham corpo de leão, cabeça e asas de águia.

HIDRA talvez fosse uma parenta do dragão. Mas dragão de muitas cabeças, de serpentes sibilantes. Cada vez que uma era cortada, nascia outra no lugar. Tinha sangue venenoso. Ia fazer o maior estrago na Arca se tivesse entrado.

– E *ÍBIS*? – perguntou a mulher de Cam.

– Alguém se lembrou de chamar aquele nojentinho?

Todos riram... Pelo menos, aquele não daria trabalho se tivesse vindo. Arranjava comida sozinho e fazia sua própria limpeza. Mas tinham esquecido dele. E ficou de fora da Arca.

Íbis só podia mesmo sobreviver. Não se apertava para comer. Era um pássaro meio borocochô, que comia o próprio cocô.

JURUPARI deu a maior discussão. Cada um dizia que era de um jeito e ninguém se entendeu. É que era o monstro dos pesadelos: cada um inventava o seu.

Nessa noite ninguém dormiu, com medo de sonhar com ele. Porém na noite seguinte, enquanto a chuva caía lá fora e a Arca balançava pra lá e pra cá, a senhora Noé entrou na conversa e lembrou da história de uma antiga rainha. Mas preferiu contar cantando, para espantar o medo:

– **LÂMIA** vinha da Líbia e era animal bem veloz. Atraía muitos homens para ficarem a sós. Peito e cara de mulher, corpo de bicho escamado, quem caía em suas garras ficava dilacerado.

A ideia da cantoria pegou. Logo estavam entoando em coro:

— **MAFAGAFOS** misteriosos construíam belos ninhos. Quem os desmafagafizava soltava mafagafinhos...

O canto virou uma risada sem-fim, foi muito divertido, porque ninguém conseguia cantar isso direito, só prestando muita atenção. Sempre alguém errava e os outros caíam na gargalhada. A bagunça foi tão grande que acordou Noé. Ele deu a maior bronca e mandou todo mundo para a cama.

O jeito foi continuar na outra noite. Com uma cantiga mais fácil:

— **NÁUTILO** era gigantesco, polvo muito agarrador. Oito braços para abraços, nenhum deles de amor. E como ele sabe nadar, talvez se salve, que horror!

Depois Jafet lembrou de outro que ficou de fora da Arca:

— **ORCO**!

O que eles não sabiam é que nesse caso aconteceu uma coisa muito interessante. As orcas, com filhotes pequenos, continuaram a dar de mamar a eles, aprenderam a boiar muito bem na água e nadar, acabaram virando baleias. Os orcos ficaram em terra, morando em grutas, e tiveram que descobrir outros jeitos para poderem sobreviver pelos séculos afora, como conseguiram, sempre assombrando as pessoas, os gnomos, os anões, e até os hobbits. Com o tempo, enquanto as baleias orcas ficaram até bem bonitas, os orcos foram ficando cada vez mais horrorosos, disformes, de boca enorme, molengos e babões.

Nem dá gosto ficar muito tempo falando nesses nojentos. Melhor passar para a outra letra e lembrar, com a mulher de Jafé, outro animal fantástico cuja história ela evocou uma noite, cantando com sua voz linda:

— **PÉGASO** era deslumbrante, belo, gentil, lutador. Cortava o céu bem brilhante, alvo corcel voador.

Jafé preferiu recordar a história de outro bicho, bem mais esquisito e aterrorizante. Um verdadeiro monstro. E que, por coincidência, um dia ia ser vencido justamente por causa do Pégaso. Mas isso só ia acontecer no futuro deles.

— **QUIMERA** tinha três cabeças, uma de cabra, uma de serpente, outra de leão. Eu nunca vi, mas ouvi dizer. Mas também ouvi dizer que era serpente da cintura para baixo, cabra da cintura até o pescoço e leão do pescoço para cima. De qualquer jeito, era um animal terrível, soltava fogo pelas bocas, queimava tudo em volta, espalhava destruição. Ainda bem que não entrou na Arca.

— **ROCA** será que se salvou? – perguntou Cam. – Era um pássaro tão grande... Capaz de levantar elefantes com as garras e deixar cair lá do alto só para eles se arrebentarem nas pedras e virarem purê para os filhotes dele comerem... Vivia lá no oriente, bem longe...

Não dava para saber quem ia conseguir sobrar, quem ia se acabar. E toda noite, uma depois da outra, quando eles se reuniam para descansar, começavam de novo a lembrar:

– **SEREIA** não precisa de Arca. Já vive mesmo na água... Torso e cara de mulher linda, rabo esguio de peixe elegante. Tão bonita! – suspirou Jafé. – Até podia viajar conosco, se não fosse tão perigosa, enlouquecendo os homens com aquela voz maravilhosa, cantando para atrair os marinheiros para naufrágios nas pedras...

– Ainda bem que não veio – disse a mulher dele.

– **TROLO** também, que ótimo que ficou de fora! – comemorou Sem. – Um bicho todo estranho, de formas esquisitas, cabeça peluda, olho miúdo e brilhante, bocarrão fedorento, nariz de pepino sempre escorrendo, orelhas de abano, garras afiadas, rabo imundo... Xô...

– Ai, muda de assunto... – pediu a mulher dele. – Fala de algum bicho bonito...

Na hora, ele não lembrou. Mas uma das cunhadas cantou:

– **UNICÓRNIO** é pura beleza, nunca se viu nada assim. Cavalo de alta nobreza com seu chifre de marfim.

As moças logo suspiravam, todas tinham vontade de encontrar um unicórnio um dia, fazer carinho no pelo macio dele. A mulher de Jafé disse que tinha uma amiga que já tinha visto um, mas não era um cavalo, era uma espécie de cabritinho grande, lindo.

Mas com um chifre único no meio da testa, claro...

– Que amor!

Cam estava
meio implicante
e tratou de botar outro
monstro na roda da cantoria:

– **VIVERNO** era voador.
Sua sombra dava peste.
Dragão de esporas na asa
– e não há dragão que preste.

E se a gente agora fosse continuar, bem
que podia até fazer versinho como eles.
Dizer, por exemplo:

Com **X** e **Z** devia ter,
mas todo mundo esqueceu.
Ou bem eles se acabaram,
ou a lembrança se perdeu.

Mas acontece que nem vamos ter a chance de entrar nessa roda divertida para cantar e contar. Porque bem nessa hora, houve o que já contamos lá no começo: a Arca encalhou no morro, as araras gritaram, o arco-íris apareceu na janela, etcétera e tal, aconteceram uma porção de coisas (nem todas começadas com a letra a), não vamos repetir.

Todos saíram correndo e se espalharam pela terra em volta. Deram graças a Deus.

Fizeram uma festa, com banquete e tudo. E depois se despediram, cada um para seu lado, enquanto os bichos sumiam no mundo, para povoar tudo outra vez. Todos os bichos que tinham vindo dentro da Arca, de joaninhas a cangurus, de hipopótamos a tatus.

E aqueles todos de fora da Arca? Muitos deles se salvaram.

Não na terra e na verdade. Não no chão da realidade.

Mas para sempre viveram na lembrança da humanidade.

Nas canções de arrepiar e nas cantigas de sonhar, nos desenhos das cavernas e outras pinturas eternas, em velhos tapetes bordados e em novos desenhos animados, em rolos de pergaminhos e em revistas de quadrinhos, em cada porão escuro e em filme do futuro.

Nas frases que contam história e em cada canto da memória.

Em cada obra que marca, cada lembrança é uma Arca.

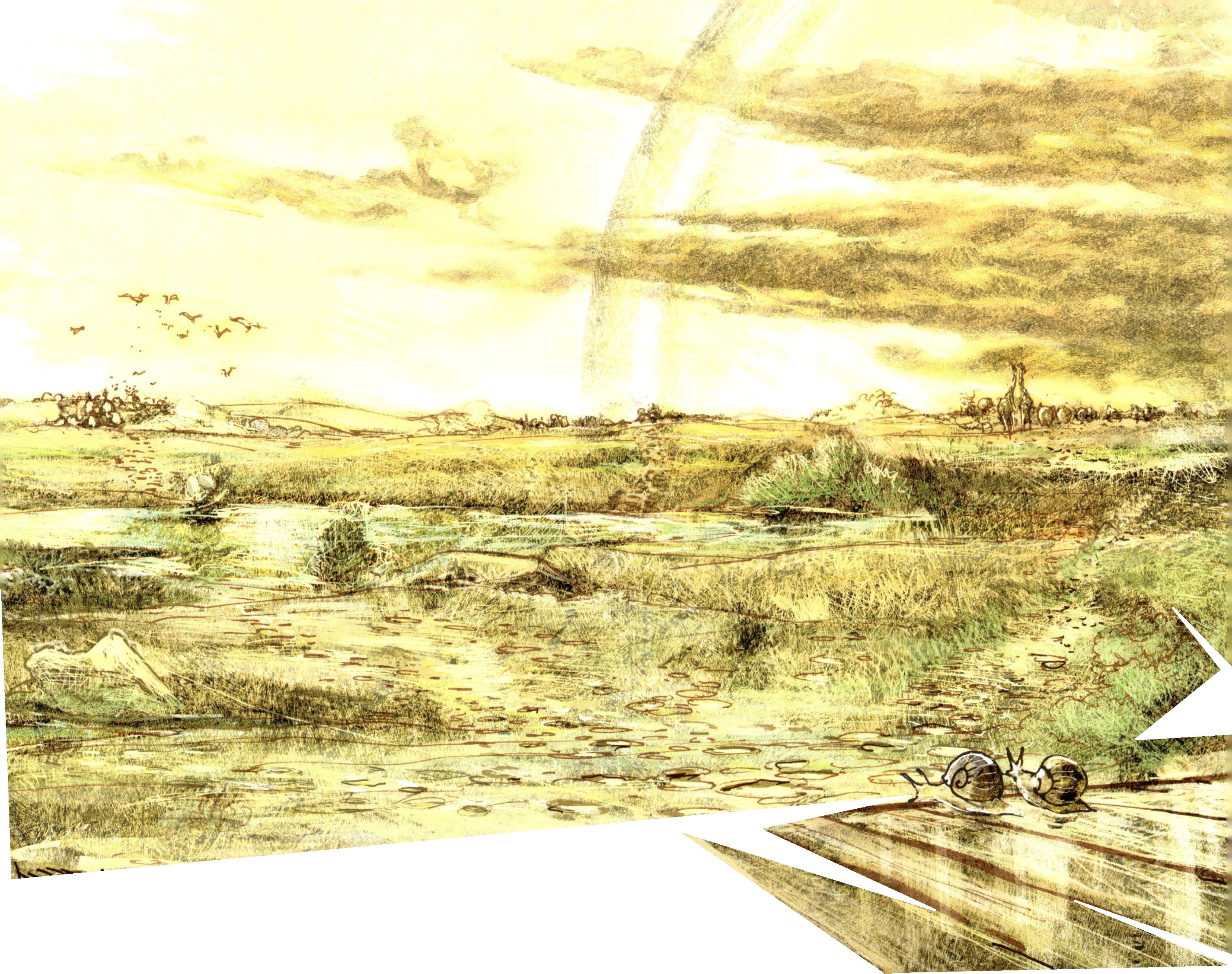

A HISTÓRIA DESTA HISTÓRIA

Ana Maria Machado

Desde pequena, como toda criança, sempre fui fascinada pela história da Arca de Noé, com todos aqueles bichos e uma família repinica viajando de barco por semanas a fio.

Talvez por isso eu tenha ficado tão encantada quando um dia minha filha Luísa voltou da escola em Londres cantando um hino lindo, em inglês, sobre Noé e sua Arca. Fiz uma brincadeira com ela: traduzi a canção (que é da tradição popular e se chama "Who Built the Ark? Noah, Noah") de um jeito bem brasileiro, falando até em mato e arroz. E sempre cantávamos juntas*.

Daí a algum tempo, eu estava pensando em algumas espécies animais ameaçadas de extinção e me ocorreu que os ecologistas, de certo modo, estão sendo os Noés modernos. Mas nem sempre são vitoriosos, porque, apesar de todos os esforços, há bichos (como o panda e a ararinha-azul) que se arriscam a ficar de fora da arca e não serem salvos.

Lembrei da cantiga da Luísa, misturei as duas ideias e somei uma terceira: os bestiários medievais. Um tipo de livro lindo, que sempre me fascinou quando eu os vi em museus e bibliotecas – listas de animais fantásticos, imaginários, em ordem alfabética, ilustrados com um delírio imaginativo assombroso. E então percebi que, como vivem na imaginação, exigem um esforço de preservação diferente mas não se extinguem enquanto forem lembrados. É isso que faz um unicórnio, por exemplo, sobreviver muito mais que um mamute no mundo moderno. Um ser que nunca existiu, mas existe hoje com muita força – na fantasia.

Aí foi só o trabalho de pesquisar animais fantásticos de várias mitologias, selecionar um bem divertido para cada letra e tratar de elaborar o texto. Levou um bom tempo, porque eu sou muito exigente. Mas cinco anos depois de começado esse processo, o texto ficou pronto. E aqui está agora a história para você ler.

* Abra a aba ao lado e conheça a partitura da música